대통령트리비아

우리나라 대통령에 대한 모든 것

PRESIENTIAL TRIVIA
대통령트리비아
100

안 승 환

기파랑

시작하며

회사생활 중 미국에서 수년간 근무할 기회가 있었습니다. 누구나 알듯이 미국은 대통령제라는 정치체제를 가장 먼저 만들고 가장 오래도록 유지하는 나라입니다. 그래서 그런지 미국 국민들의 대통령 및 대통령제도에 대한 자부심은 매우 높았습니다. 그들의 마음속에도 역대 대통령 개개인에 대한 평가가 갈리겠고 일부 언론들에서 과거 대통령의 정책을 꺼내놓고 국민 편 가르기를 시도하는 모습이 보였지만, 200년이 넘는 역사동안 미국을 만들었던 역대 대통령들은 역사 속 인물이 되어 그들의 이름을 딴 학교, 공항, 도시의 모습으로 국민들 곁에 있었습니다. 역대 대통령들에 대한 시시콜콜한 일들인 Trivia 책들이 국민들에게 큰 인기가 있는 이유이기도 했습니다. 이 책을 쓰고 있는 2017년 4월 현재, 우리나라에서는 이미 일곱 분의 전직 대통령이 고인이 되셨습니다. 이승만,

윤보선, 박정희, 최규하, 김영삼, 김대중, 노무현 대통령이 그 일곱 분입니다. 하지만 그 어느 누구도 역사 속 인물로 온전히 간주되지 못하고 현실정치의 일부가 되어 다수의 국민들에게 적개심의 대상으로 남아있습니다. 이렇게 과거의 인물을 역사 속으로 보내지 못하면 국민통합은 없습니다. 세종대왕에 대한 국민의 평가가 완전히 둘로 나뉘지 않고 정조, 연산군이 행했던 일을 어떻게 바라보느냐를 갖고 그 사람의 정치색을 평가하지 않듯이 이들 대통령들을 역사 속으로 돌려보내고 싶었습니다.

신이 아닌 모든 인간에게는 오류가 있습니다. 이 오류만을 갖고 그들을 바라본다면 제대로 된 사람은 있을 수가 없습니다. 저도 일부 대통령에 대한 선입관이 남아있습니다. 이 책을 쓰며 나부터 이 선입관을 없애기 위해 최선을 다했습니다. 세계에서 가장 가난한 나라를 모두가 우러러

보는 나라로 이끈 대통령 한분 한분에 대한 존경심을 갖고 책을 만들었습니다. 이 책을 통해 독자들이 국민들이 전직 대통령들의 인간적인 면모를 최대한 느낄 수 있도록 하고 싶었습니다.

할아버지, 할머니, 부모, 손자 손녀가 모두 모여 있을 때 이 책으로 퀴즈 놀이를 할 수 있는 집안은 정말 행복한 가족입니다. 역대 대통령들을 역사 속으로 보내 이 책을 온전히 즐기시기를 바랍니다.

p.s. 이 책은 독자 여러분과 함께 만드는 책입니다. 대통령에 관한 재미있는 이야기 및 그 근거 또는 혹시 이 책의 내용 중 사실과 다른 내용이 있다면 그 근거를 triviakoreapresident@gmail.com으로 보내주세요. 다음 판 발행 시 책 내용에 반영하고 독자여러분의 이름을 책에 넣은 후 개별적으로 알려드리겠습니다.

PRESIDENTIAL TRIVIA

역대 대통령

대통령에 대한 모든 것

Q&A에서 '현재'는 2017년 4월 기준입니다.
편의상 이름옆 대통령 직함은 생략하였습니다.

QUESTION

1

★ TRIVIA ★

괄호 안에 들어갈
대통령을 고르세요.

이승만 – (   ) – 박정희 – 최규하 –

전두환 – 노태우 – 김영삼 –

김대중 – 노무현 – 이명박 – 박근혜

❶ 신익희   ❷ 조병옥

❸ 윤보선   ❹ 이시영

윤보선

신익희와 조병옥은 모두 대통령 선거에 야당 후보로 입후보 하였으나 유세 중 급사하여 대통령에 당선될 기회를 갖지 못하였습니다. 이시영은 대한민국의 초대 부통령입니다.

QUESTION

PRESIDENTIAL TRIVIA

대통령에 대한 모든 것

2

TRIVIA

청와대 본관 1층 복도에는
역대 대통령의 초상화가 걸려 있습니다.
초상화를 그린 화가가
다른 대통령은?

❶ 이승만　　❷ 전두환
❸ 김대중　　❹ 이명박

이승만 대통령의 초상화는 한국 서양화 1세대 화가로 한국 아카데미즘 미술의 전통을 확립했다고 일컬어지는 김인승 화가의 작품인 반면 전두환, 김대중, 이명박 대통령의 초상 화는 인물화의 대가로 알려진 정형모 화백의 작품입니다.

3
★TRIVIA★

역대 대통령 취임식에서는 성악가나 이름 있는 가수들이 애국가를 선창해 왔습니다. 하지만 애국가 선창을 초등학생에게 맡긴 대통령 취임식이 있었는데요, 어느 대통령 취임식일까요?

❶ 박근혜   ❷ 이명박
❸ 노무현   ❹ 노태우

정답 ❷ 이명박

2008년 있었던 이명박 대통령 취임식에서는 초등학교 5학년인 우준범 군과 4학년인 성민희 양이 사상처음으로 초등학생 신분으로 애국가를 선창해서 화제가 되었습니다. 성민희 양은 소년한국일보와의 인터뷰에서 "숭례문 화재를 거울삼아 우리 국민 모두가 문화재를 소중히 아끼고 가꿀 수 있도록 힘써 주셨으면 좋겠다."는 대통령에 대한 바람을 남기기도 했습니다. 2003년 있었던 노무현 대통령 취임식에서도 당시 17세에 불과했던 팝페라 가수 임형주 씨가 애국가를 선창했는데요, 임형주 씨는 이후 이명박, 박근혜 대통령 때에도 각종 국가행사에서 애국가를 불렀습니다. 박근혜 대통령 취임식에서는 성악가 조수미 씨와 최현수 씨가 애국가를 불렀습니다.

4

★ TRIVIA ★

권한대행을 제외하고
임기가 가장 짧았던 대통령은?

❶ 이승만　　❷ 윤보선
❸ 최규하　　❹ 박근혜

정답 ❸ 최규하

최규하 대통령은 1979년 12월부터 1980년 8월까지 약 9개월로 가장 짧은 임기를 보냈습니다. 다음은 윤보선 대통령으로 1960년 8월부터 62년 3월까지 약 2년 재임했습니다.

5

TRIVIA

대통령과 그들이 임명한
첫 번째 국무총리가
바르지 않게 연결된 것을 고르세요.

❶ 이승만 - 이범석
❷ 최규하 - 신현확
❸ 김대중 - 박태준
❹ 노무현 - 고건

정답 **❸** 김대중 - 박태준

김대중 대통령은 초대 총리로 DJP연합의 김종필을 총리로 임명하였습니다. 포항제철회장으로 유명한 박태준은 김종필 총리의 후임으로 총리가 되었습니다.

이승만 대통령은 독립운동가였던 이범석을 초대 총리로(대한민국 초대 총리), 윤보선 대통령은 허정을 임명하였으며 박정희 대통령은 이승만 대통령 당시 재무부 장관, 경제기획원장을 역임했던 김현철을 내각 수반으로 임명한바 있습니다. 최규하 대통령은 신현확을, 전두환 대통령은 남덕우를, 노태우 대통령은 이현재를, 김영삼 대통령은 황인성을, 노무현 대통령은 고건을, 이명박 대통령은 한승수를, 박근혜 대통령은 정홍원을 각각 자신의 내각을 책임질 첫 번째 총리로 임명한 바 있습니다.

6

★ TRIVIA ★

다음의 대통령 중 미국 방문시
Ticker-Tape Parade 라고 불리는
색종이 카퍼레이드 대접을 받았던
두 명의 대통령을 고르세요.

❶ 이승만   ❷ 박정희

❸ 김영삼   ❹ 김대중

1886년 이래 뉴욕시는 현재까지 약 200회 이상의 Ticker-Tape Parade 행사를 개최하였습니다. 도심의 높은 빌딩에서 색종이를 날리는 퍼레이드가 바로 그것인데요, 뉴욕 연고의 스포츠팀이 우승을 했을 때나, 전쟁에 나갔던 군대가 귀환했을 때, 주요 우방국의 국가 원수가 방문했을 때 행사를 열어왔습니다. 아폴로 11호가 달 탐사에 성공하고 돌아왔을 때에도, 맥아더 장군이 귀국했을 때에도 Ticker-Tape Parade 행사가 열렸습니다. 주요 국가 원수로는 교황 요한 바오로 2세, 영국여왕 엘리자베스 2세, 넬슨 만델라 등이 이 행사의 주빈이 되기도 하였습니다. 우리나라 국가 원수로는 초대 대통령인 이승만 대통령이 6·25전쟁 휴전 이후인 1954년 자유국가의 영웅으로 선정되어 이 퍼레이드의 주인공이 되었고 1965년 박정희 대통령도 미국을 국빈방문(State Visit) 하였을 때 동 행사의 주인공이 되었습니다.

7
★ TRIVIA ★

제 1대 대통령 선거는
국회의원(제헌의회의원)들에 의한
간접선거였습니다.
이 선거로 이승만이 대한민국의
초대 대통령으로 당선되었습니다.
그 당시 2위 득표자는 누구일까요?

❶ 김구   ❷ 안재홍
❸ 김규식   ❹ 이시영

김구

제1대 대통령 선거는 국회의원 3분의 2 이상의 출석과 출석 의원 3분의 2 이상의 표를 얻어야 당선되는 간접선거였습니다. 이 선거에서 이승만이 국회 재적의원 198명 중 기권과 불출석을 제외한 180명의 지지를 받아 대통령에 당선되었으며 김구는 13표, 안재홍은 2표를 얻었습니다. 이날 바로 진행된 부통령선거에서는 이시영이 113표로 당선되었으며, 김구는 65표 조만식은 5표를 획득 하였습니다.

8
★ TRIVIA ★

국회의원을
역임하지 않았던 대통령은?

① 최규하　　**②** 노태우

③ 김대중　　**④** 노무현

최규하

직업외무공무원이었던 최규하 대통령은 국회의원을 역임한 적이 없습니다.

◎ 1980년 7월 수해지구를 방문하여 위로하고 있는 최규하

9
★ TRIVIA ★

대통령과 종교가
다르게 연결된 것을 고르세요.

❶ 이승만 – 기독교
❷ 윤보선 – 기독교
❸ 박정희 – 불교
❹ 김영삼 – 불교

김영삼 대통령은 잘 알려진 대로 독실한 기독교 신자입니다. 서울 충현교회에서 장로로 활동하기까지 하였고 재임 시 청와대 안에서 예배를 보았습니다. 이승만, 윤보선, 김영삼, 이명박 대통령이 개신교 신자였으며 김대중 대통령은 천주교 신자였습니다. 박정희, 전두환, 노태우 대통령은 불교, 최규하, 노무현 대통령은 종교가 없는 것으로 알려져 있습니다. 노무현 대통령은 본인이 스스로 무교라 하지만 '진실과 화해를 위한 과거사 정리 위원회' 위원장에 선임되었던 송기인 신부는 노무현 대통령이 자신에게 영세를 받았다고 한 바 있고 노대통령의 어머니가 독실한 불교 신자였기 때문에 그 영향을 받았다는 얘기도 있습니다.

◎ 김영삼은 교회에서 결혼식을 올렸다.

10
★ TRIVIA ★

언론인 출신 대통령은?

① 이승만　　② 박정희
③ 이명박　　④ 박근혜

정답 **❶** 이승만

이승만 대통령은 독립운동가이자 정치인이기도 하였지만 우리나라 최초의 민간 일간지인 매일신문을 창간한 언론인 이기도 하였습니다. 매일신문은 1898년 4월 9일 창간되었 으며 이승만은 대표, 주필, 기자의 1인 3역을 하였습니다. 이 승만은 2012년 서재필기념회와 한국언론진흥재단에 의해 올해의 '민족 언론인'으로 선정돼 한국 프레스 센터에 동판 이 헌정되기도 하였습니다.

이승만 대통령 이외에도 윤보선대통령이 해방직후 민중일 보 사장으로 재직한 적이 있었고 김대중 대통령도 1948년 목포일보 사장을 맡았던 적이 있었습니다.

QUESTION

100
PRESIDENTIAL TRIVIA
대통령에 대한 모든 것

11
★ TRIVIA ★

대통령 당선인과 2위 낙선인이
바르지 않게 연결된 것은?

① 노태우 – 김대중 13대
② 김영삼 – 김대중 14대
③ 김대중 – 이회창 15대
④ 노무현 – 이회창 16대

1987년 12월 16일 치러진 13대 대통령 선거에서는 민주정의당의 노태우 후보가 36.6%의 득표율로 28%의 득표율에 그친 통일민주당의 김영삼 후보를 누르고 대통령에 당선되었습니다. 김대중 후보는 27%의 득표율로 3위에 그쳤습니다.

12
★ TRIVIA ★

국민이 직접 대통령을 뽑는
대통령 직접 선거에
가장 많이 출마했던 대통령은
누구인가요?

① 이승만 ② 김영삼
③ 박정희 ④ 김대중

김대중 대통령은 7, 13, 14, 15대 대통령 선거에 참가 하여 총 4회 대통령 선거에 출마한 바 있습니다. 3번의 고배를 마신 후 네 번째 선거인 15대 대통령 선거에서 당시 여당후보인 이회창 후보를 1.5% 차이로 이겨 대통령에 당선되었습니다. 직접선거 뿐 아니라 간접 선거 까지 포함한다면 직선  3회(5, 6, 7대), 간선 2회(8, 9대) 출마했던 박정희 대통령이 가장 많은 출마를 경험했던 대통령입니다. 직·간선 포함, 대통령 선거에 2회 이상 출마했던 대통령은 이승만, 윤보선, 박정희, 전두환, 김영삼, 김대중 이렇게 모두 6분 입니다.

13
★ TRIVIA ★

대한민국에는 간선제로만
대통령에 당선되었던
대통령이 세 분 계셨습니다.
세 분을 모두 고르세요.

❶ 이승만   ❷ 윤보선
❸ 박정희   ❹ 최규하
❺ 전두환   ❻ 노태우

❷ 윤보선 ❹ 최규하 ❺ 전두환

4대 윤보선, 10대 최규하, 11, 12대 전두환 대통령은 직선제가 아닌 간선제로만 대통령에 당선되었던 대통령입니다. 이승만 대통령의 경우 국회의원에 의한 간선제로 초대 대통령에 당선되었으나 2대, 3대 대통령 선거에서는 국민의 직접투표에 의한 직선제로 대통령에 당선이 되었습니다. 박정희 대통령도 8대, 9대 때는 통일주체 국민회의에 의한 간선제로 대통령에 당선되었으나 그전인 5대, 6대, 7대 대통령 선거에서는 직선제로 대통령에 당선된 바 있습니다.

1987년 노태우 대통령이후 당선된 모든 대통령은 직선제로 당선되었습니다. 우리나라에서 간접선거제도로 대통령이 만들어진 경우는 1대, 4대, 8대, 9대, 10대, 11대, 12대 등모두 7회 였습니다. 간선제라 하여도 그 방법은 상이 하였는데, 1대와 4대는 국회의원에 의한 간선제였고, 8대부터 11대까지는 통일주체 국민회의에 의한 간선제, 12대는 미국식 제도를 차용한 대통령 선거인단에 의한 간선제였습니다.

14
★ TRIVIA ★

역대 대통령 중
가장 많이 국회의원에 당선되었던
대통령은?

❶ 이승만   ❷ 윤보선
❸ 김영삼   ❹ 김대중

김영삼 대통령은 국내 최다선인 9선 의원을 역임하였습니다. 김영삼 대통령 외에 박준규 전 국회의장, 김종필 전 국무총리가 9번 의원에 당선되었습니다. 대통령 중에서는, 김영삼 대통령 다음으로 김대중 대통령이 6선으로 두 번째 많은 선수를 기록하고 있습니다.

대통령과 영부인이
맞게 짝지어지지 않은 것은?

① 이승만 - 프란체스카
② 박정희 - 육영수
③ 김영삼 - 이희호
④ 노무현 - 권양숙

김영삼 대통령의 영부인은 손명순 여사입니다. 이희호 여사
는 김대중 대통령의 영부인입니다.

역대 대통령의 영부인을 살펴보면 윤보선 대통령의 영부인
은 공덕귀 여사, 최규하 대통령의 영부인은 홍기 여사, 전두
환 대통령의 영부인은 이순자 여사, 노태우 대통령의 영부
인은 김옥숙 여사, 이명박 대통령의 영부인은 김윤옥 여사
입니다.

16
★ TRIVIA ★

대통령과 호가
일치하지 않는 것을 고르세요.

1 이승만 - **우남** 雩南

2 윤보선 - **해위** 海葦

3 김영삼 - **거산** 巨山

4 노무현 - **청계** 淸溪

조국수호의선봉
2011. 6. 15. 대통령 이명박

○ '청계'라 쓰인 낙관이 보인다.

청계는 이명박 대통령의 호입니다. 노무현 대통령은 별도의 호를 두지 않았습니다.

윤보선 대통령의 호는 해위(海葦), 최규하 대통령은 현석(玄石), 전두환 대통령은 일해(日海), 노태우 대통령은 용당(庸堂), 김대중 대통령은 후광(後廣) 이며 박근혜 대통령도 별도의 호를 두고 있지 않습니다. 박정희 대통령의 경우 대통령 기록관 기록이나 몇몇 자료에 중수(中樹)라는 호를 쓴 것으로 되어 있으나 고령 박 씨 문중에서 호를 지어 올린 것일 뿐 본인이 쓰지는 않았다는 것이 가까이서 대통령을 지켜 본 사람들의 증언입니다. 문중에서 호를 지어 올렸을 때 "박정희라는 이름 석 자로 충분하다."고 거절했다는 일화가 있습니다.

17
★ TRIVIA ★

대통령 직선제를 통해 당선된
대통령 중에서 가장 높은 득표율로
당선되었던 대통령은 누구입니까?

❶ 이승만　　❷ 김영삼
❸ 김대중　　❹ 박근혜

이승만 대통령은 직선제로 치러진 첫 번째 대통령 선거인 제2대 대선에서 72%의 득표율로 11%획득에 그친 2위 조봉암 후보를 크게 누르고 당선이 되었습니다. 역대 직선제 선거에서 70% 이상을 득표한 선거는 제2대 대통령 선거밖에 없었습니다.

18

TRIVIA

노무현 대통령이 재임 중
순방 했던 나라가 아닌 나라는?

❶ 브라질   ❷ 중국

❸ 터키   ❹ 페루

정답 ❹ 페루

노무현 대통령은 중남미국가 중에서는 칠레, 브라질, 멕시코, 코스타리카, 과테말라를 방문했습니다만 페루는 방문하지 않았습니다.

이명박 대통령이 쓴
회고록의 제목은?

① 대통령의 시간

② 성공과 좌절

③ 민주주의를 위한 나의 투쟁

④ 빙하는 움직인다

이명박 대통령은 퇴임 2년 후인 2015년 1월 《대통령의 시간》이라는 제목으로 회고록을 출간했습니다. 회고록에서 그는 한미관계 복원 및 글로벌 금융위기를 극복하는 과정을 상세히 기술했습니다. 성공과 좌절은 노무현 대통령의 회고록입니다.

20
★ TRIVIA ★

5·16 당시 장도영, 박정희를 위시한
혁명군과의 면담 시
윤보선 대통령이 내뱉은
유명한 말은?

❶ 무슨 이게 혁명이냐?

❷ 온다던 것이 왔구나.

❸ 내가 잘못했다.

❹ 군인의 길로 돌아가라

온다던 것이 왔구나

1961년 5월 16일 아침, 무장한 쿠데타군이 청와대로 몰려왔을 때 윤보선 대통령이 내뱉은 것으로 알려진 "온다던 것이 왔구나."라는 언급은 여러 가지 해석을 불러 일으켰습니다. 일부에서는 윤 대통령이 쿠데타를 미리 알고 있었다거나, 장면 총리와의 대립 때문에 쿠데타를 반기는 마음에 그런 말을 했다는 해석을 하기도 하였습니다만 윤보선 대통령은 동아일보에 실은 회고록을 통해 당시 극심한 사회혼란 상태에서 군인들이 면담을 요구하자 '달갑지 않은 일이 기어이 터지고 말았구나'하는 한탄하는 심정에서 튀어나온 말이라고 설명했습니다.

QUESTION

대통령에 대한 모든 것

21
★ TRIVIA ★

미국의 현직 대통령으로서
한국을 처음 방문한 사람은?

① 트루먼   ② 아이젠하워
③ 케네디   ④ 포드

아이젠하워

아이젠하워 대통령은 1960년 6월 미국 현직 대통령으로서는 처음으로 한국을 방문하였습니다. 1952년 대통령 당선자 자격으로 한국을 방문한 적이 있어 한국 방문으로는 이때가 두 번째 이었습니다. 1박 2일 일정으로 한국을 방문한 아이젠하워는 김포공항에 도착하여 허정 내각수반의 영접을 받습니다. 당초 용산 미군 기지부터 미대사관저까지 카퍼레이드를 하려 했으나 거리를 가득 메운 시민들로 인해 샛길로 돌아가야 했었다고 합니다.

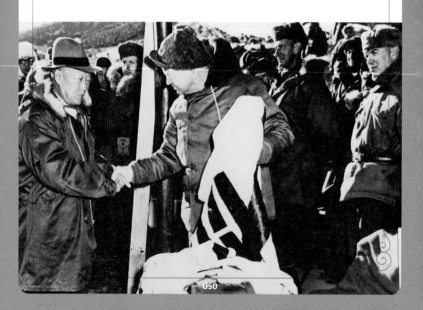

22

★ TRIVIA ★

취임식 우표가 없는 대통령은?

1 윤보선 **2** 박정희

3 최규하 **4** 노무현

정답 ① 윤보선

다른 모든 대통령과 달리 4·19
이후 대통령에 오른 윤보선 대
통령 취임 우표는 발행되지 않고, 단지 1960년 10월 1일자
로 새정부 수립 기념우표만이 발행되었습니다.

대통령과 그들이 키운
반려견이 올바르게
짝지어져 있지 않은 것은?

❶ 박정희 – 황구, 방울이

❷ 전두환 – 송이, 서리

❸ 김대중 – 우리, 두리

❹ 노무현 – 희망이, 새롬이

희망이, 새롬이

희망이와 새롬이는 박근혜대통령 취임 시 서울 삼성동 주민들이 준비했던 선물로 이들 두 마리는 이후 '평화' '통일' '금강' '한라' '백두'를 낳았습니다. 노무현 대통령은 퇴임 후 봉하마을에서 보더콜리 품종의 '누리' '마루'를 키웠습니다.

역대 대통령들의 애완견 사랑은 남달랐습니다. 자식이 없던 초대 이승만 대통령에게 애완견 해피는 자식과 같은 존재였다고 합니다. 6·25전쟁 통에 죽은 줄 알았던 해피를 다시 찾기도 하였습니다. 하와이로 망명길에 올랐을 때 해피는 한국에 남아 잠시 떨어져있게 되었는데 이를 안타깝게 여긴 참모들이 도와 해피도 하와이에 가서 이 대통령이 서거할 때까지 함께 있었다 합니다.

전두환 대통령도 진돗개인 송이와 서리를 애지중지하며 키웠는데 2003년 재산 압류당시 이 진돗개 두 마리도 경매대상이 되었다 합니다. 이를 구매자가 다시 전 대통령에게 돌려주었다는 일화는 유명합니다. 김대중 대통령은 풍산개인 우리와 두리, 그리고 삽살개, 진돗개 등 여러 마리를 키웠다고 알려집니다. 특히 우리와 두리는 북한의 김정일에게 선물 받은 것으로 김 대통령은 답례로 진돗개인 평화와 통일을 선물했다고 합니다. 김정일에게 선물 받은 우리와 두리는 노무현 대통령 시절 서울 대공원으로 보내졌습니다.

24

TRIVIA

코미디언 이주일이 술에 취해
후배 코미디언 최병서와 함께
사저에 찾아가 술을 얻어 마신 일화로
유명한 전직 대통령은?

① 전두환　② 김영삼

③ 김대중　④ 노무현

정답 **1** 전두환

코미디언 최병서는 이주일이 보증을 잘못서 술로 한탄하던 시절, 밤에 함께 전두환 전 대통령 사저에 갑자기 찾아가 술을 얻어 마셨던 일화를 Channel A 〈돈월드〉에서 공개한바 있습니다.

25

★ TRIVIA ★

2015년 카타르 방문시
박근혜 대통령이
대접받은 음식은?

① 비프스테이크 ② 낙타고기

③ 만두 ④ 탕수육

낙타고기

2015년에 있었던 박근혜 대통령의 중동 4개국 순방시 카타르와 UAE에서 박대통령은 낙타고기를 대접받았습니다. 낙타가 운송수단이자 귀한 식재료로 쓰이는 중동에서는 낙타고기 요리를 주는 것은 전 재산을 내주는 것과 같은 환대의 의미라 합니다.

26
★ TRIVIA ★

6·25전쟁의 휴전을
이승만 대통령이 끝까지 반대하자
미국이 세웠던
이승만 제거 계획의 명칭은?

① 크로마이트 작전 Operation Chromite

② 에버레디 계획 Everready Plan

③ 블루하트 작전 Operation Blueheart

④ 사막의 폭풍 작전 Operation Desert Storm

정답 ❷ 에버레디 계획

이승만 대통령은 '휴전협정'을 가리켜 전쟁을 줄이는 것이 아니라 더 큰 전쟁을 준비하는 행위이고 더 많은 고난과 파괴를 의미하는 행위이기 때문에 반대한다는 점을 분명히 했습니다. 새롭게 정권을 획득한 아이젠하워 미 대통령은 그의 선거공약대로 휴전을 강행했고 이를 반대하는 이승만을 권좌에서 내려오게 하기위한 비밀 작전 에버레디 계획을 수립하였으나 실시하지는 않았습니다. 미국 측이 이승만대통령의 대안으로 떠올린 인물은 당시 참모총장 백선엽 장군이었는데 백 장군이 이승만 대통령과 같은 주장을 폈기 때문에 작전을 포기했다고 합니다.

Operation Chromite는 2016년 흥행에 성공한 영화 인천상륙작전의 영어 제목으로도 사용되었듯이 1950년 9월 15일 감행된 인천상륙작전의 작전명이었고, Operation Blueheart는 인천상륙작전 전 계획되었다 미실시 된 최초의 인천상륙작전의 작전명입니다. 인천상륙작전 수행 시, 포로로 잡힌 미군을 구출하기 위해 투입된 한국군 대위의 이야기를 그린 영화(1987년 주연 신성일, 감독 강민호)의 제목(블루하트)으로도 사용되었습니다. Operation Desert Storm은 1991년 미국을 중심으로 한 연합군의 이라크 바그다드에 대한 공습 작전명입니다.

처음으로
회고록을 출간한 대통령은?

① 이승만　　② 윤보선

③ 박정희　　④ 최규하

정답 ❷ 윤보선

윤보선 대통령의 회고록은 서거 이듬해인 1991년 출간되었습니다. 1987년 직선제 이전의 대통령 중 윤 대통령이 회고록을 집필한 유일한 대통령입니다. 직선제 이후에는 모든 대통령들이 회고록을 출간했는데, 노태우, 김영삼, 김대중, 노무현, 이명박 대통령의 회고록이 대통령 임기 후 출간되었습니다. 가장 최근에는 전두환 전 대통령이 퇴임 후 30년만에 회고록을 냈습니다.

28
★ TRIVIA ★

5대 대통령 선거(1963년)에 대한
내용으로 틀린 것은?

❶ 박정희 후보는 전라남도에서
   20%이하의 낮은 득표율을 보였다.

❷ 윤보선 후보는 서울에서
   60%이상의 압승을 거두었다.

❸ 윤보선 후보의 정당은 민정당이었다.

❹ 박정희 후보는 윤보선 후보에게
   15만여 표 차의 신승을 거두었다.

박정희 후보는 전라남도에서 20%이하의 낮은 득표율을 보였다.

박정희 후보는 전라남도에서 57.22%의 득표율을 얻는 등 남부 지역인 영호남 및 제주도에서 압승을 거두어 서울, 경기 등 수도권에서 승리를 거둔 윤보선 후보에 15만여 표차의 신승을 거두었습니다.

윤보선이 속했던 민정당은 한문으로 民政黨으로 제5공화국 집권당이었던 民主正義黨의 약어인 民正黨과는 다른 정당입니다. 윤보선, 유진산 등이 중심이 되어 창당되었습니다.

29
★ TRIVIA ★

1961년 5월 16일은 5·16 군사혁명이
일어난 날이기도 하지만 제2공화국
출범 후 처음으로 외국 국가원수를
맞기로 되어 있던 날이기도 했습니다.
당초 방한이 계획되어 있던 국가원수는?

① 케네디 대통령 미국

② 프라도 대통령 페루

③ 맥밀런 총리 영국

④ 스와르트 대통령 남아공

정답 ② 프라도 대통령

1961년 5월 16일은 제2공화국 출범 후
처음으로 외국 국가원수를 맞는 날이
기 때문에 윤보선 대통령도 전날 늦게
까지 영접준비를 하느라 잠자리에 늦게 들었다고 합니다. 쿠
데타로 인해 프라도 대통령의 방한은 취소되었습니다.

◯ 프라도 대통령(좌) 케네디 대통령(우)

30
★ TRIVIA ★

1987년 대통령선거가
국민이 직접 뽑는 직선제로 회복된 이후
선거에서 50%이상의 득표율을 얻었던
대통령을 모두 고르세요.

① 김대중　　② 노무현
③ 이명박　　④ 박근혜

박근혜 대통령은 2012년 12월 19일 치러진 제18대 대통령 선거에서 득표율 51.6%로 87년 직선제 회복 이후 최초로 50%이상의 지지를 얻은 대통령이 되었습니다. 역대 가장 큰 표 차이로 선거에서 이긴 이명박 대통령의 득표율도 48.7%로 50%를 넘지 못했습니다.

31

★ TRIVIA ★

정당의 대표를
역임하지 않았던 대통령은?

❶ 윤보선　　❷ 최규하
❸ 김영삼　　❹ 김대중

초대~3대 이승만 대통령은 자유당 총재, 4대 윤보선 대통령은 신한당, 국민당 총재, 5~9대 박정희 대통령은 공화당 총재, 11~12대 전두환은 민정당 총재 13대 노태우 대통령도 민정당 총재, 14대 김영삼 대통령은 통일민주당, 민자당 총재, 15대 김대중 대통령은 평화민주당, 새천년민주당 총재, 18대 박근혜 대통령은 한국미래연합, 한나라당 대표를 역임하였습니다만 최규하, 노무현, 이명박 대통령은 당의 총재 또는 대표직을 맡지는 않았습니다.

32
★ TRIVIA ★

대통령 기록관 선물 갤러리에는
외국 국가원수 등으로부터 받은
많은 선물이 보관되어 있습니다.
가장 많은 선물을 받아
갤러리에 이관한 대통령은 누구인가요?

❶ 박정희   ❷ 전두환
❸ 김영삼   ❹ 노무현

정답 ❸ 김영삼

대통령 기록관 선물갤러리에는 1961년 박정희 당시 국가 재건최고회의 의장 재임 시기부터 수령한 선물 3,448점이 있습니다. (2016년 12월 기준) 이중 김영삼 대통령이 받아 전달한 선물이 총 707점으로 가장 많습니다. 두 번째로 많은 선물을 받아 전달한 대통령은 김대중 대통령으로서 657점이 있습니다.

◎ 대통령 기록관 내에 있는 선물 전시실

33

★ TRIVIA ★

서울 보신각 현판에
글씨를 남긴 대통령은?

① 이승만   ② 윤보선
③ 박정희   ④ 전두환

서울시 종로구에 위치한 보신각은 1895년 고종이 보신각이라는 이름으로 명명하였습니다. 6·25전쟁으로 종각이 파손된 것을 1953년 중건하였으며 현재의 현판도 53년 중건 당시의 것으로 이승만 대통령이 쓴 글씨로 만든 것입니다.

육영수 여사 서거 직전 육영수 여사와
박정희 대통령 간의 마지막 대화는?

① "저 좀 보세요. 천천히 함께 가세요."
　"그래. 속도를 줄일테니 당신은 속도를
　좀 내시오."

② "오늘은 무슨 행사에요?"
　"광복절 행사야. 금방 끝날테니
　어서 갑시다."

③ "오늘 괜히 기분이 안좋아요."
　"얼른 다녀와 쉽시다."

④ "오늘 입은 양복이 멋있네요"
　"쓸데없는 소리 마소"

마지막이 된 1974년 8·15기념식 참석 전, 앞서 걸어가던 박 대통령에게 육 여사가 천천히 가자고 애기하고 화답한 이 대화가 부부의 마지막 대화가 되었습니다.

35
TRIVIA

서울 세종문화회관을
건립한 대통령은?

① 노무현　　**②** 이명박

③ 전두환　　**④** 박정희

정답 ❹ 박정희

세종문화화관은 박정희 대통령 재임 중인 74년 착공하여 78년도에 개관하였습니다. 세종문화회관 앞마당에는 박정희 대통령이 쓴 '문화예술의 전당'이라는 표지석이 지금도 남아있습니다.

36
★ TRIVIA ★

11대 전두환 대통령 취임식 당시
애국가를 부른 사람은?

❶ 가수 조용필
❷ 가수 조영남
❸ 바리톤 오현명
❹ 소프라노 조수미

정답 ③ 바리톤 오현명

전두환 대통령 취임식에서 애국가를 부른 성악가 오현명은 한양대학교 음대 학장과 국립오페라단 단장을 지낸 우리나라 성악계의 원로였습니다. 1960년대부터 한국 가곡만의 독창회를 열어 '가곡의 전도사'로 불리기도 했으며 그의 가곡 '명태'는 대중적으로도 큰 사랑을 받았습니다.

역대 대통령이 명예박사를 받았던
학교와 대통령이
바르지 않게 연결된 것을 고르세요.

① 김영삼 - 아메리칸대 미국

② 박근혜 - 서강대

③ 노무현 - 고려대

④ 최규하 - 강원대

정답 ❸ 노무현

노무현 대통령은 원광대학교, 모스크바 대학교, 알제리대학교 등 3개 대학에서 명예박사 학위를 받은바 있습니다만 고려대학에서는 명예박사를 받은 적이 없습니다. 고려대에서는 김대중 대통령이 명예박사학위를 받은 적이 있습니다.

38
TRIVIA

명예박사를
한 번도 받지 않았던 대통령은?

① 이승만　　② 박정희
③ 윤보선　　④ 김대중

정답 ❷ 박정희

2017년 4월 현재 대한민국의 역대 대통령 중에서 명예박사를 받지 않았던 대통령은 박정희 대통령이 유일합니다. 박정희 대통령은 보좌관이 외국대학에서 명예박사 학위 제의가 있다는 보고를 하자 "박사는 나와는 어울리지 않는다."하며 일언지하에 거절했다는 일화가 있습니다.

김대중 대통령은 영국의 케임브리지 대학, 고려대 등 국내 7회 해외 12회 등 총 19회나 명예박사학위를 받아 역대 대통령 중 가장 많은 명예박사 학위를 받았습니다. 2위는 김영삼 대통령으로 11회 명예박사 학위를 수여받았습니다.

미국의 43대 조지 W. 부시 대통령은
퇴임 후 아마추어 화가로 변신하여
직접 그린 세계 각국 지도자
30여 명의 초상화를 전시한 적이
있습니다. 부시 대통령이 직접 초상화를
그린 대한민국의 대통령은 ?

❶ 김대중   ❷ 이명박
❸ 노무현   ❹ 박근혜

조지 부시 대통령 기념도서관에 특별전시된 부시대통령이 직접 그린 각국 정상들. 오른쪽 아래 이명박 대통령의 초상화를 볼 수 있다.

QUESTION

40
★ TRIVIA ★

83년 10월 9일
버마의 수도 랭군의 아웅산 묘소에서
묘소를 참배하기 위한
한국대통령과 그 일행을 암살하려는
시도가 있었습니다.
당시 대한민국의 대통령은?

① 박정희　　② 전두환

③ 노태우　　④ 김영삼

전두환

1983년 9월 1일 소련군의 대한항공기 격추사건의 충격이 채 가시기도 않은 1983년 10월 9일 버마를 공식 방문한 전두환 대통령과 그 일행에 대한 암살시도가 북한 정권에 의해 자행되었습니다. 이 사고로 서석준 경제부총리, 이범석 외무부장관 등 대통령 공식수행원 및 동아일보 이중현 기자 등 보도진, 총 17명이 사망하였고 10여 명이 크고 작은 부상을 입었습니다. 당시 버마 정부는 이 사건이 북한 공작원에 의해 저질러진 것임을 공식 발표하였고 북한과의 외교단절 조치를 취하였습니다.

41

★ TRIVIA ★

버마 '아웅산 테러' 직후였던
1983년 10월,
정부가 북한 테러에 대한 응징을 위해
세웠던 비밀 작전의 이름은?

① 벌초 계획　② 수목 사업
③ 햇볕 정책　④ 팀스피리트

정답 ① 벌초계획

아웅산 사태이후 육사 12기 출신 군 지휘관들을 중심으로 북한의 테러에 대한 응징으로 북한주석 김일성을 제거하는 군사계획, 작전명 '벌초 계획'이 비밀리에 수립되었다는 증언이 있었습니다. 작전에 참여했던 당시 특수부대원은 "패러글라이더를 이용해 평양에 침투, 주석궁을 폭파하고 김일성을 사살한 뒤, 육로 또는 해로를 통해 돌아오는 계획을 세웠다"라고 증언한바 있습니다, 이 계획은 당시 전두환 대통령에게까지 보고됐지만 전 전 대통령이 "북한과 똑같은 짓을 할 수는 없다"며 부정적 입장을 표명, 폐기된 것으로 알려졌습니다.

42
TRIVIA

역대 대통령 중 가장 젊은 나이에
취임한 대통령은 누구인가요?

❶ 박정희　　❷ 전두환
❸ 노무현　　❹ 박근혜

박 대통령은 1917년 11월 생으로 권한대행을 시작했던 62년 3월을 기점으로 하면 만으로 44세부터 대통령직을 수행하였습니다. 두 번째로 젊은 나이에 취임한 대통령은 1931년 1월 생인 전두환 대통령으로서 만 49세부터 대통령직을 수행하였습니다.

43
★ TRIVIA ★

대통령 임기 전
투옥된 경험이 없는 대통령은?

❶ 이승만 　 ❷ 박정희

❸ 김대중 　 ❹ 최규하

정답 ❹ 최규하

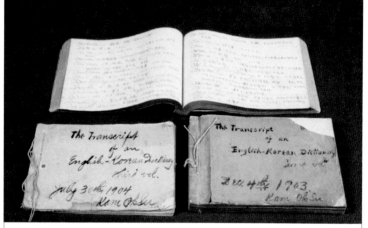

⊙ 이승만이 투옥 중에 집필한 영한사전

이승만 대통령은 구한말, 고종폐위 및 박영효 혁명내각을 추진한 무술년 정변시, 매일신문과 제국신문 등 언론 매체를 통해 반정부 데모를 선동했다는 이유로 투옥되어 5년 7개월간 수감되었습니다. 옥살이를 하는 도중 《체역집》 등의 저서를 집필하기도 했습니다.

박정희 대통령은 군에 있을 때 숙군사업과정에서 투옥된 바 있으며, 김대중 대통령은 민주화 운동으로 71개월간 투옥된 바 있습니다. 투옥기간 중 토인비의 《역사의 연구》 등 여러 책을 읽었으며, 독서를 더하기 위해 감옥에 더 가고 싶다고 할 정도로 독서광이었다고 합니다.

박근혜 대통령이
재임 중 만나지 않은 해외정상은?

① 오바마 미국 대통령
② 메르켈 독일 총리
③ 시진핑 중국 주석
④ 룰라 브라질 대통령

정답 ❹ 룰라 브라질 대통령

룰라 대통령의 재임기간은 2003년에서 2010년으로 박근혜 대통령 취임 전 퇴임했습니다. 2004년 노무현 대통령의 브라질 방문 시 노대통령이 룰라 대통령과 정상회담을 가진 바 있으며 박대통령은 룰라 대통령의 후임인 지우마 호세프 대통령과 2015년 브라질 국빈 방문시 정상회담을 가진 바 있습니다.

QUESTION

대통령에 대한 모든 것

자식 중 딸이 없었던
대통령은?

① 윤보선　② 김영삼

③ 김대중　④ 노무현

정답 ❸ 김대중

윤보선 대통령은 슬하에 2남 2녀를 두었고 김영삼 대통령은
2남 3녀, 노무현 대통령은 1남 1녀를 두었습니다. 김대중 대
통령은 딸은 없고 아들만 셋이 있습니다.
김대중 대통령 외에 이승만 대통령도 딸이 없었습니다. 미혼
인 박근혜 대통령을 제외하고 역대 대통령 중 딸이 없었던
대통령은 이승만, 김대중 대통령 밖에 없습니다.

46
★ TRIVIA ★

대통령과 본관이
바르지 않게 연결된 것을 고르세요.

① 최규하 – 경주 최 씨

② 전두환 – 완산 전 씨

③ 노태우 – 교하 노 씨

④ 노무현 – 광주 노 씨

최규하 대통령은 강릉 최 씨입니다.
역대 대통령의 본관을 알아보면, 이승만 대통령이 전주이씨,
윤보선 대통령이 해평 윤 씨, 박정희/박근혜 대통령이 고령
박 씨, 김영삼 대통령이 김녕 김 씨, 김대중 대통령이 김해
김 씨, 이명박 대통령이 경주 이 씨입니다.

⊙ 강릉 최씨 시조를 모신 황산사

· QUESTION ·

임기 중 일어났던
대형사고와 대통령이
잘못 연결된 것을 고르세요.

① 대구 지하철 화재참사 - 김대중
② 삼풍백화점 붕괴사고 - 노무현
③ 성수대교 붕괴사건 - 김영삼
④ 세월호 참사 - 박근혜

정답 **❷ 삼풍백화점 붕괴사고**

삼풍백화점 붕괴사건은 1994년 김영삼 대통령 재직 시 발생한 사건으로 서울시 서초구에 있던 삼풍백화점이 갑자기 붕괴하여 사망 501명, 실종 6명, 부상 937명이 발생한 한국전쟁 이후 가장 인적 피해가 큰 사고였습니다. 이 사건과 더불어 김영삼 대통령 재직 시에는 32명이 사망한 성수대교 붕괴사건도 함께 발생하였습니다.

대구 지하철 화재참사는 김대중 대통령 재임 말기인 2003년 2월 18일 발생한 사건으로 총 192명이 사망하고 148명이 부상을 당하였습니다. 세월호 참사는 박근혜 대통령 재임기간 중인 2014년 4월 16일 발생하여 수학여행을 가던 고교생 포함, 사망자 295명, 실종자 9명이 발생한 대형 사건이었습니다.

48
TRIVIA

역대 대선에서 2위와
가장 큰 표 차이로
당선된 대통령은 누구인가요?

❶ 이승만　　❷ 박정희
❸ 이명박　　❹ 박근혜

이명박 대통령은 17대 대선에서 11,492,389표를 획득하여 6,174,681표 획득에 그친 야당의 정동영 후보에 무려 530여 만 표 이상의 압도적인 표 차이로 당선되었습니다. 역대 대통령선거에서 500만 표 이상 차이가 난 선거는 전무한 기록이며 그전까지 가장 큰 표차이의 선거였던 14대 대선에서의 1위 김영삼 후보와 2위 김대중 후보의 표차이인 360만 표의 기록을 단숨에 뛰어넘었습니다.

49

★ TRIVIA ★

대통령과 대통령 출마 시
당적이 맞지 않게 된 것을 고르세요.

① 노태우 후보 – 민주정의당 13대 선거
② 김영삼 후보 – 민주자유당 14대 선거
③ 김대중 후보 – 평화민주당 15대 선거
④ 노무현 후보 – 새천년민주당 16대 선거

15대 대통령 선거에서 당선한 김대중 후보는 새천년민주당 소속으로 나와 대통령에 당선하였습니다. 평화민주당은 김대중 대통령이 13대 대통령 선거에 나왔을 때의 소속 정당입니다.

50

★ TRIVIA ★

노무현 대통령이 당선된 제16대 대통령 선거에 대한 내용으로 맞지 않은 것은?

① **노무현**(새천년민주당), **이회창**(한나라당), **권영길**(민주노동당), **이한동**(하나로국민연합), **김길수**(국태민안호국당), **김영규**(사회당) 등 총 6명이 출마했다.

② 16대 대선에서 노무현 후보에게 패한 이회창 후보는 17대 대선에도 출마하여 15대부터 총 3번의 대선에 출마했다.

③ 노무현 후보는 행정수도의 충청권 이전을 공약으로 내걸었다.

④ 18대까지 치러진 역대 대통령선거 가운데 최저의 투표율을 기록했다.

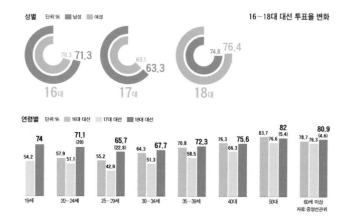

성별 단위:% ■남성 ■여성

70.3 **71.3** **16대**

63.1 **63.3** **17대**

74.8 **76.4** **18대**

16~18대 대선 투표율 변화

연령별 단위:% ■16대 대선 ■17대 대선 ■18대 대선

	19세	20~24세	25~29세	30~34세	35~39세	40대	50대	60세 이상
16대 대선	54.2	57.9	55.2	64.3	70.8	76.3	83.7	78.7
17대 대선		51.1	42.9	51.3	58.5	66.3	76.6	76.3
18대 대선	74	71.1 (20)	65.7 (22.8)	67.7	72.3	75.6	82 (5.4)	80.9 (4.6)

자료:중앙선관위

16대 대선은 70.8%의 투표율에 그쳐 그때까지 치러진 대선 중 최초로 80% 이하의 낮은 투표율을 보인 선거였습니다만, 이후에 치러진 17대 대선에서 63%의 투표율이 기록되면서 역대 두 번째로 낮은 투표율을 기록한 선거가 되었습니다.

이회창 후보는 15, 16대의 두 번의 대선에서 한나라당 후보로 나와 1위 후보와 경합했으나 모두 패했습니다. 이후 17대 대선에서는 무소속 후보로 나와 15%의 득표율로 이명박, 정동영 후보에 이어 3위로 낙선하였습니다.

각 대통령에 대한 설명으로
올바르지 않은 것을 고르세요.

① 노무현 대통령은 대통령에 당선되기 전
동업으로 식당을 운영한 적이 있다.

② 이명박 대통령은
대한 양궁협회 회장을 지냈다.

③ 박정희 대통령은 문경보통학교에서
교사생활을 했었다.

④ 최규하 대통령은 서울대학교
사범대학 교수였다.

❍ 최윤희 선수 은퇴식에서 격려하는 수영연맹 회장 시절의 이명박

이명박 대통령은 양궁협회가 아닌 대한 수영연맹 회장을 역임한바 있습니다.

노무현 대통령은 서울강남에서 몇몇 낙선의원들과 동업으로 '하로동선'이라는 식당을 내어 운영하였으며 박정희 대통령은 문경보통학교에서 1937년부터 1940년까지 근무 하였습니다. 최규하 대통령은 해방직후 서울대 사범대에서 교수생활을 하였습니다.

PRESIDENTIAL TRIVIA

최초를 기록한 대통령

대통령에 대한 모든 것

지금의 대통령 관저는 청와대입니다.
청와대라는 명칭을 처음으로 사용한
대통령은 누구일까요?

① 이승만　　② 윤보선
③ 박정희　　④ 최규하

정답 ❷ 윤보선

초대 이승만 대통령 시절에서부터 4·19 혁명 때까지는 경무
대라는 이름으로 불리다가 1961년 윤보선 대통령에 의해 청
와대라는 명칭이 사용되기 시작하였습니다.
대통령 및 그 가족이 거주하는 주거공간 외에 대통령 비서
실 등 대통령 관련 행정기관이 함께 들어가 있습니다.

대한민국에서 태어난
첫 번째 대통령은 누구인가요?

① 이승만   ② 이명박
③ 노무현   ④ 박근혜

박근혜

대한민국의 건국일은 1948년 8월 15일로, 1948년 이전에 출생했던 대통령들의 출생 당시 대한민국은 건국 전 이었습니다. 박근혜 대통령은 1952년 생으로 대한민국 건국 후 대한민국 영토에서 태어난 첫 번째 대통령입니다. 노무현 대통령은 1946년 출생으로 미군정시절 경남에서 태어났고 이명박 대통령은 1941년 일본에서 태어났습니다.

다음의 대통령 중 임기를 채우고
선거에 의해 다른 대통령에게
정권을 넘긴 첫 번째 대통령은
누구인가요?

① 이승만　　② 윤보선
③ 전두환　　④ 김대중

초대 이승만 대통령은 4·19혁명으로, 이를 이은 윤보선 대통령은 5·16 쿠데타로 정권을 잃었습니다. 5·16후 치러진 대통령 선거에 의해 대통령이 된 박정희 대통령은 김재규에 의한 암살로, 그를 이은 최규하 대통령은 신군부에 의한 쿠데타로 임기를 채우지 못하고 정권을 넘겼습니다. 전두환 대통령은 임기 중 내내 평화적으로 정권이양을 하겠다는 공언을 했었고 7년 임기가 끝난 후 약속을 지켜 정권을 넘겼습니다. 13대 대통령선거에서 여당의 노태우 후보, 야당의 김영삼, 김대중 후보가 맞붙었고 선거에서 승리한 노태우 후보가 13대 대통령으로 취임하게 되었습니다. 이 이후에는 모든 대통령이 선거를 통한 평화적인 방법으로 정권을 이양하고 있습니다.

55
TRIVIA

장군으로 재직한 경험이 있었던
첫 번째 대통령은 누구인가요?

① 이승만　　② 윤보선
③ 박정희　　④ 전두환

1953년 준장으로 진급한 이후 1958년 소장을 거쳐, 1963년 대장으로 예편을 합니다.

청와대의 로고를
처음 만든 대통령은 누구인가요?

① 박정희　　② 전두환
③ 노태우　　④ 김영삼

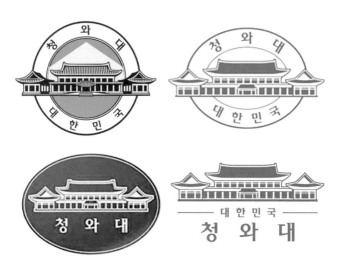

김영삼 대통령은 재임 3년차인 1995년 청와대 로고를 제정합니다. 김대중 대통령은 김영삼 대통령 시절의 로고를 그대로 사용하였던 반면 이후의 노무현, 이명박, 박근혜 정부에서는 각기 조금씩 변경된 로고를 사용하고 있습니다.

57

TRIVIA

서울시장을 역임했던
첫 번째 대통령은 누구인가요?

① 윤보선　　② 최규하
③ 이명박　　④ 박근혜

○ 서울시장 윤보선 송별기념촬영(1949년)

윤보선 대통령은 건국초인 1948년 12월부터 그 이듬해까지 제2대 서울시장으로 근무하였습니다. 전임은 초대 김형민 시장이고 후임은 3대 이기붕 시장이었습니다.

미국에서 박사학위를 받은
첫 번째 대통령은 누구인가요?

① 이승만　　② 윤보선

③ 노무현　　④ 박근혜

정답 ① 이승만

초대 이승만 대통령은 조지 워싱턴대학에서 학사, 하버드대학교에서 석사학위를 받고, 프린스턴 대학원에서 국제정치학으로 박사학위를 받았습니다. 이후 현재까지 명예학위 외에 박사학위를 받은 대통령은 나오고 있지 않습니다.

대학을 졸업하지 않은
첫 번째 대통령은 누구인가요?

① 박정희　　② 전두환
③ 김대중　　④ 노무현

목포상고 재학시절 1943

초대 이승만대통령은 조지 워싱턴 대학을 나왔으며, 윤보선 대통령은 에딘버러 대학을, 박정희대통령은 육군사관학교를 최규하 대통령은 동경고등사범 영문학과를, 전두환, 노태우 대통령은 육군사관학교를, 김영삼 대통령은 서울대를 나왔습니다. 뒤를 이은 김대중 대통령은 목포상고를 졸업하였습니다.

60
★ TRIVIA ★

임기 중 사망한
첫 번째 대통령은?

① 윤보선　　② 박정희

③ 최규하　　④ 노무현

박정희 대통령은 제9대 대통령 임기 중인 1979년 10월 26일 김재규 중앙정보부장에 의해 암살되었습니다. 이 후 2017년 4월 현재, 임기 중 사망한 대통령은 나오지 않았습니다.

대통령 취임 시
첫 번째 부인이 함께 했던 대통령은?

① 이승만 　**②** 박정희

③ 김대중 　**④** 이명박

정답 ❹ 이명박

이승만 대통령은 열다섯 살 때 부모가 간택한 음죽 박(朴)씨와 결혼했고 둘 사이에 아들 봉수가 있었습니다만 여덟 살 어린나이에 사망합니다. 박정희 대통령도 부친 박성빈의 친구의 여식이었던 김호남 여사와 결혼을 하였습니다만 이후 이혼을 합니다. 김대중 대통령도 첫 부인인 차용애 여사와의 사이에 아들 둘(홍일, 홍업)을 갖습니다만 차 여사와는 59년에 사별합니다. 이명박 대통령은 처음 만났던 김윤옥 여사와 해로하고 있습니다.

결혼하지 않은
첫 번째 대통령은?

① 이승만　② 김대중

③ 이명박　④ 박근혜

박근혜 대통령은 역대 대통령 중 유일한 여성 대통령이며, 유일한 미혼 대통령입니다.

63
★ TRIVIA ★

취임식 때 국산차를 이용한
첫 번째 대통령은?

① 이승만　　② 김영삼
③ 노무현　　④ 박근혜

박근혜 대통령은 역대 대통령 최초로 취임식 때 국산차인 에쿠스 방탄차를 이용했습니다. 박대통령은 취임식 당일 삼성동 자택에서 국립현충원까지는 당선인 시절부터 탄 벤츠 S600L을 이용했으나 현충원에서 대통령 취임식이 열리는 국회의사당까지는 현대차 에쿠스 방탄차를 이용했습니다.

의전 차량으로 독일 차량을
처음으로 사용한 대통령은?

① 전두환   ② 노태우

③ 김영삼   ④ 김대중

역대 대통령들이 의전 차량으로 사용했던 차들을 보면, 이승만 대통령은 아이젠하워 미국 대통령이 선물한 1956년 제 미국 GM사의 캐딜락 프리트우드 62 세단을 사용했습니다. 이차는 후임인 윤보선 대통령의 취임식에서도 사용 되었습니다.

박정희 대통령은 캐딜락 프리트우드 75 세단을, 전두환 대통령은 캐딜락 프리트우드 리무진 보로엄을 의전차량으로 사용했습니다. 전두환 대통령은 캐딜락과 링컨 컨티넨탈 리무진을 번갈아 이용했다고 합니다. 노태우 대통령은 링컨 컨티넨탈 리무진을, 김영삼 대통령도 전두환 대통령과 같이 캐딜락 리무진과 링컨 컨티넨탈을 번갈아 이용했습니다. 김대중 대통령은 처음으로 미국차가 아닌 독일차를 의전용 차량으로 사용했는데요, 벤츠 S600 풀만 가드를 사용했다고 합니다.

대한민국 정부에서
국무총리를 역임했던
첫 번째 대통령은?

① 이승만　　② 윤보선

③ 최규하　　④ 이명박

정답 ❸ 최규하

초대 이승만 대통령은 대통령에 당선 되기전 제헌의회 의장을 맡았은 적은 있으나 국무총리를 역임한 적은 없습니다. 단, 일제 강점기, 블라디보스토크에서 대한인국민회가 노령 임시정부를 선포할 당시 그를 국무 및 외무총장(국무총리 겸 외무장관)에 임명한 적은 있었습니다. 윤보선 대통령도 상공부장관, 서울시장 등의 요직을 맡았으나 국무총리를 맡은 적은 없으며 이명박 대통령도 현대그룹에서 기업인 생활을 하다 서울시장을 역임하고 대통령에 당선되었습니다. 최규하 대통령은 76년부터 국무총리를 맡아오다 10.26으로 인해 대통령 유고가 발생하자 대통령 권한대행을, 이후 제10대 대한민국 대통령에 취임하게 됩니다.

암살기도가 있었던
첫 번째 대통령은 누구인가요?

① 이승만 　② 윤보선

③ 김영삼 　④ 김대중

이승만 대통령에 대한 암살시도는 대통령 취임직전인 1948년과 1952년, 1954년 세 번에 걸쳐 있었습니다. 특히 두 번째 시도였던 52년의 시도는 저격 순간의 장면이 사진에 남아 후에 공개되기도 했습니다.

투옥되었던 경험이 있는
첫 번째 대통령은 누구인가요?

① 이승만　　② 박정희

③ 김대중　　④ 노무현

정답 **①** 이승만

1903

이승만 대통령은 고종폐위 및 박영효 혁명내각을 추진한 무술년 정변으로 1899년 1월 9일 체포되어 5년 7개월간 수감되었습니다.

한반도에서 태어나지 않은
첫 번째 대통령은?

1 이승만   **2** 박정희

3 김영삼   **4** 이명박

이명박 대통령은 1941년 한반도가 아닌 일본 오사카 부에서 태어났습니다. 초대 이승만 대통령부터 박근혜 대통령까지 한반도가 아닌 곳에서 태어난 대통령은 이명박 대통령이 유일합니다.

프로야구 시구를 했던
첫 번째 대통령은?

① 박정희　　② 전두환
③ 노태우　　④ 김영삼

전두환 대통령은 1982년 3월 27일 서울운동장 야구장(후에 동대문 운동장으로 불리다 동대문 디자인 플라자, DDP로 변신)에서 열린 삼성 라이온즈와 MBC청룡(후에 LG에 인수되어 Twins가 됨)과의 개막전 시구를 했습니다.

대통령 당선 전
프로야구 경기에서 시구를 한 경험이
있는 첫 번째 대통령은?

① 김영삼 　② 노무현
③ 이명박 　④ 박근혜

이명박은 대통령 당선 전인 서울시장 재직 시절, 2003년과 2004년 두 번의 개막전에서 시구자로 나서 잠실구장 마운드에 올랐습니다. 2003년 경기는 LG트윈스와 SK와이번스 간의 경기였으며, 2004년 경기는 두산베어스와 기아타이거즈와의 경기였습니다. 이 대통령은 대통령 재직 시에는 시구를 한 번도 하지 않았습니다. 취임 첫해인 2008년 개막전 시구를 하려했으나 일정이 알려져 경호문제로 취소된 것으로 알려지기도 하였습니다.

전두환 대통령 이후
개막전 시구를 처음으로 했던
대통령은?

① 노태우　　② 김영삼
③ 김대중　　④ 노무현

전두환 대통령 이후 대통령의 개막전 시구는 2017년 4월 현재까지, 1995년 4월 15일 잠실구장에서 벌어진 삼성 라이온즈-LG 트윈스 전에서 김영삼 전 대통령이 한 시구가 유일합니다. 김 전 대통령은 1994년 태평양 돌핀스-LG 트윈스의 한국시리즈 1차전, 1995년 롯데 자이언츠-OB베어스의 한국시리즈 1차전 시구를 하기도 했습니다. 노무현 대통령은 개막전이 아닌 올스타전 시구를 2003년 7월 17일 대전구장에서 했으며 박근혜 대통령은 2013년 한국시리즈 3차전 삼성과 두산과의 잠실경기에서 시구를 했습니다. 현역 대통령이 한국 시리즈 시구를 한 것은 김영삼 대통령 이후 박근혜 대통령이 처음이었습니다.

PRESIDENTIAL TRIVIA

QUESTION

대통령에 대한 모든 것

72

TRIVIA

대한민국 대통령 중
우표에 가장 먼저 등장한 대통령은?

① 이승만　② 박정희
③ 김영삼　④ 김대중

정답 **①** 이승만

건국 직전인 1948년 8월 5일, 액면가 5원으로 초대대통령
취임기념우표가 발행되었습니다.

QUESTION

73

1900년대 이후에 태어난
첫 번째 대통령은?

① 이승만　② 윤보선
③ 박정희　④ 최규하

박정희 대통령은 1917년 생으로 대한민국 대통령 중 1900년대에 태어난 첫 번째 대통령입니다. 전임 윤보선 대통령은 1897년, 초대 이승만 대통령은 1875년생 입니다.

대한민국 국민 중
최초로 노벨 평화상을
수상한 대통령은?

1 이승만 **2** 박정희

3 김대중 **4** 노무현

김대중

김대중 대통령은 민주주의와 인권을 향한 오랜 투쟁과 한반도 긴장완화에 기여한 공로를 인정받아 2000년 12월 10일 노르웨이 오슬로에서 한국인 최초로 노벨 평화상을 수상했습니다.

공산주의 국가와
처음으로 수교한 대통령은?

① 노태우　　**②** 김대중

③ 노무현　　**④** 이명박

노태우 대통령은 소련, 중국 등 전 세계 공산국가와 수교하여 북방외교를 성공시킨 대통령입니다. 1989년 공산국가인 헝가리와 역사적인 수교를 이끌어 내었고 결국 다음해인 1990년에는 공산국가의 맹주인 소련과도 수교하게 됩니다.

국회의원(제헌의원, 민의원 포함)이 아니었던
첫 번째 대통령은 누구인가요?

① 이승만　　② 윤보선

③ 박정희　　④ 최규하

초대 이승만 대통령은 제헌의회의원, 윤보선 대통령은 민의원, 국회의원을 역임하였으나 직업군인이었던 박정희 대통령은 국회의원을 역임한 적이 없습니다. 이후 외무공무원이었던 최규하 대통령, 직업군인이었던 전두환 대통령을 제외하고는 2017년 4월 현재까지 모든 대통령이 국회의원을 역임하였습니다.

우리나라 최초로
방탄 기능을 갖춘 차량을
의전 차량으로 이용한 대통령은?

① 이승만　② 윤보선
③ 박정희　④ 전두환

이승만 대통령은 미국 아이젠하워 대통령이 선물한 GM의 캐딜락 프리트우드 62 세단을 이용하였습니다. 이 차는 국내에서 사용된 최초의 방탄차량이었습니다.

여의도 국회의사당을
대통령 취임 장소로
처음 쓰기 시작한 대통령은?

① 박정희　　② 최규하

③ 노태우　　④ 김영삼

13대 노태우 대통령 때부터 여의도 국회의사당이 대통령 취임식 장소로 쓰이게 되었습니다. 초대 이승만 대통령은 당시 국회의사당으로 사용되던 중앙청을 취임식 장소로 썼으며, 뒤를 이은 4대 윤보선 대통령 역시 당시 국회의사당으로 사용되던 지금의 서울시 의회 건물에서 취임식을 거행했습니다. 5대 박정희 대통령은 중앙청 광장에서, 10대 최규하 대통령은 장충체육관에서, 11대 전두환 대통령은 잠실 실내체육관에서 취임식을 열었습니다.

헌법 재판소의 결정에 따라
탄핵으로 물러나게 된
최초의 대통령은?

① 박정희　　② 김대중

③ 노무현　　④ 박근혜

제18대 대통령 선거에서 승리하여 대통령이 된 박근혜 대통령은 2017년 3월 10일 헌법재판소의 탄핵 인용 결정에 따라 대한민국 최초로 '탄핵으로 물러나게 된 대통령'이라는 불명예를 안은 대통령이 되었습니다. 13년 전인 2004년, 당시 노무현 대통령에 대한 탄핵 소추안이 국회에서 통과되어 헌정 사상 최초의 탄핵 소추안 가결이 되었으나, 헌법재판소에서 탄핵에 대한 기각이 선고됨에 따라 두 달간 계속된 대통령 자격정지가 해소된 사례가 있었습니다.

PRESIDENTIAL TRIVIA

★ 대통령과 관련된 상식들 ★

대통령에 대한 모든 것

80
★ TRIVIA ★

제 7대 대통령선거에서는
1위로 당선한 박정희, 2위로 패한 김대중
후보 외에 특유의 카이젤 수염과
돈키호테 같은 저돌성으로 인기를
모았던 후보가 있었습니다.
그의 이름은 무엇일까요?

❶ 신정일　　❷ 김창숙
❸ 진복기　　❹ 박기출

정답 ❸ 진복기

진복기 후보는 5명이 경쟁했던 7
대 대통령선거에서 3위를 차지하
였습니다. '신안 앞바다 보물로 국
민모두를 부자로 만들겠다' '전쟁
을 일으켜 북진통일을 이루겠다'
등 독특한 공약도 공약이지만 그
의 트레이드마크인 카이젤 수염이 그를 더욱 유명하게 만들
었습니다. 실제 대선에 출마했던 것은 7대 대통령 선거뿐이
었지만 선거 때마다 출마의사를 밝혀 대선출마 상습자로 분
류되어 규제를 받기도 하였습니다.

이외에도 국민의 관심을 많이 받았던 특이한 대선 후보들
이 많았는데요 14대 대통령 선거에 출마했다 6위로 낙선했
던 김옥선 후보도 그중의 한명이었습니다. 김 후보는 여성
이었음에도 불구하고 항상 양복차림의 남장을 하여 화제가
되곤 하였습니다. 일제 강점기에 징용으로 끌려가 죽은 오
빠를 그리워하는 어머니 때문에 남장을 시작했다고 합니다.

또 하나의 특이한 후보로는 예능프로그램출연과 갖가지 기
행으로 유명한 허경영후보가 있는데요, 허 후보는 15대와 17
대 대선에 출마했습니다. 대통령이 되면 축지법을 보여주겠
다는 공약과 공중부양을 할 수 있다는 이야기로 국민들에
게 웃음을 선사하기도 했습니다.

81

미국 공화당의 상징 동물은 코끼리이고
민주당의 상징동물은 당나귀입니다.
5대 대통령 선거에서
박정희 후보를 당선시킨
우리나라 공화당의 상징 동물은
무엇이었을까요?

① 코끼리   **②** 말

③ 황소   **④** 용

정답 ③ 황소

민주공화당은 '일하는 정당'임을 강조하기 위하여 황소를 상징 동물로 선정하였습니다. 대선이 끝난 후 야당인 민주당은 상징동물로 말을 선정하였습니다. 당시 민주당 대변인이었던 김대중 의원(후에 대통령)은 말은 운수, 교통에 이용되고 경주와 스포츠에 활용될 뿐 아니라 목표를 세우면 끝까지 달리는 동물이어 말을 선택했다라고 밝힌바 있습니다.

82
★ TRIVIA ★

현행 헌법상, 대통령 선거에서
후보자가 단 한명일 때의
당선 조건은 무엇인가요?

❶ 후보가 한명이므로 한표만 나와도 당선

❷ 유권자의 과반수 이상의 표를
획득해야 당선

❸ 후보자가 한명일 때 선거는 무효

❹ 유권자의 3분의 1 이상의 표를
획득해야 당선

정답 **❹** 유권자 3분의 1이상

대통령 선거에 출마자가 한 명일 경우 총 유효 선거인수의
3분의 1이상의 표를 획득해야 대통령에 당선됩니다.

83

TRIVIA

현행 헌법상, 대통령 선거에서
최고 득표자가 2인 이상일 때는
어떻게 하나요?

❶ 같은 수의 표를 획득한 후보 중 연장자가
대통령에 당선된다.

❷ 같은 수의 표를 획득한 후보들만을
대상으로 대통령 선거를 다시 치른다.

❸ 선거에 출마했던 모든 후보를 대상으로
대통령 선거를 다시 치른다.

❹ 국회 재적의원 과반수가 출석한 회의에서
다수표를 획득한 자가 당선된다.

정답 ❹ 국회재적인원 과반수

워낙 많은 사람들이 투표를 하니 후보자간 득표수가 같을 경우는 발생하지 않을 것입니다만 우리헌법은 이런 경우까지 생각해서 그에 대한 준비를 해놓았습니다. 최고 득표자가 여러 명일 경우 최종판단은 국회가 하게 되어있습니다.

84

★ TRIVIA ★

현행 헌법상, 대통령 선거에
출마하려면 몇 살이 되어야 하나요?

❶ 대통령 선거일 기준 만 40세 이상

❷ 대통령 선거일 기준 만 30세 이상

❸ 대통령 후보 등록일 기준 만 40세 이상

❹ 나이제한 없음

정답 **①** 대통령 선거일 기준 40세 이상

헌법 67조 4항에 의거, 대통령 후보는 국회의원 피선거권이
있어야 하며 대통령 후보 등록일이 아니라 대통령 선거일
기준 만 40세가 되어야 합니다.

85

★ TRIVIA ★

우리나라와 같이
5년 단임제 대통령제를 택하고 있는
나라를 고르세요.

1 러시아   **2** 프랑스
3 엘살바도르   **4** 미국

정답 **❸** 엘살바도르

대통령제를 채택하는 전 세계의 나라 중 단임제를 택한 나라는 그리 많지 않습니다. 특히 5년 단임제를 채택한 나라는 극소수의 나라인데요, 정답인 남미의 엘살바도르 외에 같은 남미국가인 파라과이가 5년 단임제를 채택하고 있으며 일부 의원내각제 국가에서 실권 없는 대통령의 경우 5년 단임제가 있기도 합니다. 러시아는 6년 중임, 프랑스는 5년 중임 (과거 7년 무제한이었으나 2000년도에 개정), 미국은 4년 중임제를 실시하고 있습니다.

QUESTION

대통령 중심제를
택하고 있는 국가는?

① 일본　　② 영국
③ 독일　　④ 멕시코

멕시코는 6년 단임제 대통령 제도를 채택하고 있는 국가입니다. 2017년 4월 현재, 대통령은 엔리케 페냐 니에토(Enrique Peña Nieto) 대통령입니다. 일본, 영국, 독일 모두 의원 내각제를 채택하고 있는 나라입니다. 단 일본과 영국이 입헌 군주제 국가인데 반해 독일은 상징적인 국가원수로서 5년 중임제의 대통령이 존재합니다.

87
★ TRIVIA ★

대통령 중심제를
채택하지 않은 국가는?

❶ 필리핀　　　❷ 카자흐스탄
❸ 네덜란드　　❹ 인도네시아

정답 **③** 네덜란드

네덜란드는 입헌군주제 국가로서 국가의 상징으로 왕이 존재하나 실질적인 정치권력은 수상에게 있습니다. 필리핀은 6년 단임제를, 인도네시아는 5년 중임제 대통령제를 실시하고 있습니다. 카자흐스탄은 5년 중임제 대통령제를 채택하고 있으나 첫 번째 대통령에는 예외를 두어 무제한 연임을 가능하게 하였습니다. 현재 대통령은 소련에서 독립한 후 1990년 첫 번째 대통령이 된 누르술탄 나자르바예프입니다.

○ 네델란드 국왕부부

88
TRIVIA

다음은 역대 정권에서
국무총리직을 수행했던 사람들입니다.
이 중 대통령 권한 대행을
맡지 않았던 사람은 누구인가요?

❶ 박충훈   ❷ 고건

❸ 최규하   ❹ 황인성

황인성 총리는 김영삼 대통령 정부에서 초대 총리를 맡았습니다만 대통령 권한 대행을 맡은 적은 없습니다. 박충훈 권한대행은 최규하 대통령 사임 후 1980년 8월 16일부터 8월27일까지 짧은 기간 동안 대통령직을 수행했으며 고건 권한대행은 노무현 대통령이 국회에서 탄핵되었을 때, 최규하 권한대행은 박정희 대통령 유고가 발생했을 때 각각 권한 대행직을 수행했습니다.

89
TRIVIA

다음의 정당 중
직선 대통령 선거에서 2회 이상
승리하지 못한 정당은?

❶ 자유당   **❷** 민주공화당

❸ 민주자유당   **❹** 새천년민주당

정답 ❸ 민주자유당

민주자유당

민주정의당, 통일민주당, 신민주
공화당의 3당 합당으로 탄생한
민주자유당은 14대 대통령선거
에서만 당시 후보였던 김영삼 을 당선시킨바 있습니다. 자유
당은 2, 3, 4대 대선에서 이승만 후보를, 민주공화당은 5, 6,
7대 세 번의 직선선거에서 박정희 후보를 당선 시켰으며 새
천년민주당은 15, 16대 대통령선거에서 김대중, 노무현 후보
를 각각 대통령으로 만들었습니다.

90

★ TRIVIA ★

대통령 전용기와 관련된
다음의 내용 중 틀린 내용을 고르세요.

1 대통령 전용기의 승무원들은 일반비행기의
승무원들이 배꼽인사를 하는 것과 달리
거수경례를 한다.

2 대통령 전용기인 공군1호기도 미국에서처럼
'에어포스 원' 이라는 콜사인으로 불린다.

3 2017년 4월 기준, 대한민국 대통령 전용기는
대한항공으로부터 장기 임대한 기체이다.

4 수행기자들이 대통령 전용기를 탈 때도
비용을 지불한다.

우리나라에 대통령 전용기는 코드 원(Code 1)이라 불립니다. 사실 에어포스 원 또는 코드 원은 대통령이 탄 비행기를 관제탑에서 부를 때 쓰는 콜 사인입니다. 일본에서는 일왕 또는 총리가 사용하는 비행기를 '시그너스 원'이라고 부르며 JAL의 비행기를 임대해 쓰고 있습니다. 대통령 전용기에도 탑승요금이 있으며 기내 면세품 구매도 가능하다고 합니다.

PRESIDENTIAL TRIVIA

다른 나라의 대통령

대통령에 대한 모든 것

다음의 미국 대통령 중
이혼을 경험한 대통령은
누구인가요?

① 조지 워싱턴 George Washington

② 존 F. 케네디 John F. Kennedy

③ 로널드 레이건 Ronald Reagan

④ 조지 W. 부시 George W. Bush

③ 로널드 레이건

레이건 대통령은 현 트럼프 대통령 전까지의 미 대통령 중 유일하게 이혼을 경험한 대통령입니다. 첫 배우자는 여배우 제인 와이먼(Jane Wyman) 이었으나 실패로 끝났고 또 다른 여배우 낸시 데이비스(Nancy Davis; 결혼 후 남편 성을 따라 낸시 레이건Nancy Reagan)를 만나 죽을 때 까지 함께했습니다. 트럼프 대통령은 미국 역사상 두 번째로 이혼을 경험한 대통령이자, 두 번 이혼을 한 첫 번째 대통령이기도 합니다. 현재의 영부인 멜라니 트럼프 여사는 트럼프의 세 번째 부인 입니다.

◐ 레이건과 첫째 부인
　제인 와이먼

92
TRIVIA

다음의 미국 대통령 중
마라톤을 완주한
첫 번째 대통령은 누구인가요?

① 존 F. 케네디 John F. Kennedy

② 지미 카터 Jimmy Carter

③ 로널드 레이건 Ronald Reagan

④ 조지 W. 부시 George W. Bush

조지 허버트 워커 부시(George H. W. Bush) 대통령의 아들 부시 전 대통령은 미국의 43대 대통령으로 재임했습니다. 그는 46세이던 1993년, 휴스턴 마라톤대회에 참가하여 3시간 44분 52초의 기록으로 완주했습니다. 앨 고어, 마이클 듀카키스 등 대통령에 출마했던 주요 후보들이 마라톤 완주의 경험이 있습니다만 실제로 마라톤 완주자 중 대통령에 당선된 사람은 부시 대통령이 유일합니다.

태어날 당시
레슬리 킹(Leslie King)이라는 이름이었던
미국 대통령은 누구인가요?

① 로널드 레이건 Ronald Reagan

② 빌 클린턴 Bill Clinton

③ 버락 오바마 Barack Obama

④ 제럴드 포드 Gerald Ford

정답 **④** 제럴드 포드

포드 미국 대통령은 미국의
제 38대 대통령입니다. 미시건
주 하원의원 출신으로 워터게이
트 사건으로 탄핵당한 리차드 닉슨
(Richard Nixon) 전 대통령의 뒤를 이어 대통령에 취임하였습
니다. 그의 생부는 레슬리 킹 시니어(Leslie King Sr.) 로서 포
드 대통령의 생모 도로시 가드너(Dorothy Gardner)와 결혼 후
포드를 낳았고 당시 포드 대통령의 이름은 레슬리 킹이었습
니다. 이후 어머니 도로시는 미시건 주에 사는 제럴드 R. 포
드(Gerald R. Ford)와 결혼하였고 이후 포드 대통령의 이름도
Gerald R. Ford Jr.가 되었습니다. 새 아버지였던 제럴드 R.
포드는 열성적인 공화당원이었고 포드 대통령이 대통령이
되는데 큰 영향을 끼치게 됩니다.

미국의 42대 대통령인 빌 클린턴(Bill Clinton) 대통령도 태
어났을 때는 윌리엄 제퍼슨 블라이드 3세(William Jefferson
Blythe III) 였으나 (Bill은 William의 애칭으로 같은 이름임) 어머니
의 재혼 후 새 아버지인 로저 클린턴 시니어(Roger Clinton Sr.)
의 이름을 따 성을 Clinton으로 바꾸게 됩니다.

PRESIDENTIAL TRIVIA

· QUESTION ·

대통령에 대한 모든 것

94

★ TRIVIA ★

대통령과 그들의 중간 이름(Middle Name)이 잘못 연결된 것은?

1 버락 오바마 - Hussein

2 빌 클린턴 - Jefferson

3 지미 카터 - Earl

4 리차드 닉슨 - Fitzgerald

미국의 37대 대통령 리차드 닉슨의 중간 이름(Middle Name)은 Milhous입니다. Fitzgerald는 JFK로 더 알려져 있는 케네디 대통령의 중간 이름입니다.

미국 백악관에 걸리는
대통령 초상화에 대한 다음 내용 중
맞지 않는 것은?

① 초상화 비용은 대통령 자신이 부담한다.

② 대통령 자신만 아니라 영부인의
초상화도 함께 걸린다.

③ 초대 워싱턴 대통령 초상화는 남북
전쟁 때 불에 탄 것을 다시 그린 것이다.

④ 백악관 대통령 초상화는 모두 유화이다.

전직 대통령 초상화 공개행사는 우리나라에서는 찾아보기 힘든 미국 백악관의 부러운 전통입니다. 같은 당의 후보가 대통령직을 승계하는 경우는 물론 여야가 뒤바뀐 경우에도 후임 대통령이 전임대통령을 예우하여 백악관에서 초상화 공개 행사를 진행합니다. 우리나라 청와대에는 대통령 초상화만이 걸리는데 반해 백악관에는 영부인의 초상화도 함께 걸리는데 대통령과 영부인 초상화 모두 유화입니다. 사진술이 발달했지만 아직까지는 초대 조지 워싱턴시대의 전통을 따라 사진을 쓰지 않고 유화를 고집하고 있습니다.

조지 워싱턴 대통령의 초상화는 1812년 전쟁 당시 영국군에 의해 백악관이 불태워 질 때 대통령이었던 메디슨의 부인, 돌리 메디슨에 의해 보존되어 지금에 이른다고 전해집니다. 당시 불타 없어진 백악관을 다시 지으면서 메디슨 대통령은 백악관을 하얗게 칠했는데 그것이 오늘날 백악관(White House, 白堊館)이라고 불리게 된 시초라는 사람들도 있습니다. 초상화 비용은 대통령 자신이 부담하는데 보통 기부금을 받거나 파티를 열어 성금을 모금하기도 합니다.

다음의 미국 대통령과
그들의 이름을 딴 공항이 있는
도시의 연결이 잘못된 것은?

① 뉴욕 - 케네디 대통령

② 휴스턴 - 부시 대통령

③ 워싱턴 D.C. - 레이건 대통령

④ 시카고 - 오바마 대통령

시카고의 공항은 오헤어 국제공항(O'hare International Airport)로 태평양전쟁당시 해군조종사로 활약했던 전쟁영웅 Edward O'hare의 이름을 따왔습니다. 오바마 대통령이 시카고 출신이고, 최초이자 유일한 흑인대통령이라는 의미가 있으므로 추후 그의 이름을 딴 공항이 생기게 되는지도 모르겠습니다만 2017년 4월 현재 그의 이름을 딴 공항은 없습니다.

뉴욕에는 케네디 대통령의 이름을 딴 JFK 국제공항(John F. Kennedy International Airport)가, 텍사스 주의 휴스턴에는 41대 대통령인 부시대통령(아버지 부시)의 이름을 딴 조지 부시 국제공항(George Bush International Airport)이, 그리고 워싱턴 D.C.에는 레이건 대통령의 이름을 딴 로널드 레이건 워싱턴 공항(Ronald Reagan Washington National Airport)이 있습니다. 이외에도 링컨, 포드, 클린턴, 아이젠하워, 루즈벨트 대통령의 이름을 딴 공항들이 있습니다. 특히 아칸소(Arkansas)주 리틀록(Little Rock)에는 대통령이었던 빌 클린턴(Bill Clinton) 뿐 아니라 그의 부인인 힐러리(Hilary)의 이름을 함께 딴 빌&힐러리 공항(Bill and Hilary Clinton National Airport)이 있습니다.

다음의 미국 대통령 중
골프를 너무 좋아하여
징이 박힌 골프화를 신은 채
정무를 보곤 했던 것으로
알려진 대통령은?

① 트루먼　　② 아이젠하워
③ 케네디　　④ 레이건

골프애호가였던 아이젠하워 대통령은 집무실에서도 징이 박힌 골프화를 신 곤했던 것으로 알려져 있는데요, 그의 임기가 끝난 후 집무실인 Oval Office바닥에 징자국이 가득했다고 합니다.

가장 오랫동안 대통령직을 유지했던
미국 대통령은 누구인가요?

① 조지 워싱턴
② 로널드 레이건
③ 프랭클린 루스벨트
④ 해리 트루먼

프랭클린 루스벨트

프랭클린 루스벨트 대통령은 미국의 대통령 중 유일하게 4선을 했던 대통령입니다. 임기 중 사망하여 4번째 임기는 모두 채우지 못했습니다만 재임기간이 무려 4,422일이나 되었습니다. 재임기간으로는 역대 대통령 중 2등인 토마스 제퍼슨(미국의 제3대 대통령)의 2,922일보다 무려 1,500일 긴 재임기간입니다. 가장 짧은 임기를 기록한 미국 대통령은 제9대 윌리엄 해리슨 대통령으로써 취임 후 한 달 만에 폐렴으로 사망합니다.

QUESTION
대통령에 대한 모든 것

99
TRIVIA

1900년대 이후 지금까지
집권했던 각국의 대통령 또는
최고 지도자 중
가장 어린 나이에 대통령에 취임한
대통령은 어느 나라의 누구인가요?

① 김정은 북한

② 쟝 클로드 뒤발리에 아이티

③ 사뮤엘 도 라이베리아

④ 테어도어 루스벨트 미국

쟝 클로드 뒤발리에 대통령은 대통령이었던 아버지 사망 직후인, 1971년 19세의 나이로 정권을 이어 받아 20세기 이후 가장 어린나이에 집권했던 대통령이 되었습니다. 북한의 김정은도 2011년 28세의 어린 나이로 집권하였으나 뒤발리에에 비하면 거의 10년이나 늦은 나이부터 집권한 것이 됩니다. 미국에서는 테어도어 루스벨트 대통령이 42세의 나이에 대통령에 당선되어 20세기 미국 대통령 중 가장 젊은 나이에 취임하게 됩니다. 케네디 대통령은 43세, 클린턴 대통령은 46세, 오바마 대통령은 47세에 취임하여 20세기 들어 2017년 4월 현재까지 40대에 대통령이 된 미국 대통령은 모두 네 명입니다.

한국에서 명예박사를 받은
외국의 대통령과 그 대학이
바르지 않게 연결된 것을 고르세요.

① 바웬사 폴란드 대통령 - 계명대
② 라스무센 덴마크 총리 - 연세대
③ 카터 미국 대통령 - 고려대
④ 클린턴 미국 대통령 - 용인대

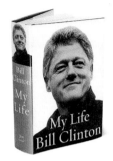

바웬사 대통령은 2016년 11월 4일 계명대에서, 라스무센 총리는 2016년 10월 24일 연세대에서, 카터 대통령은 2010년 3월 23일 고려대에서 각각 명예박사 학위를 받았습니다. 클린턴 대통령은 퇴임 후인 2005년 2월 자서전인 '마이라이프' 한국어판 출판기념회 참석차 한국을 방문했을 당시 용인대학 측으로부터 명예박사학위를 제안 받았으나 거절한바 있습니다.

발행일 초판 1쇄 2017년 4월 28일

지은이 안승환

펴낸이 안병훈

디자인 김정환

펴낸곳 도서출판 기파랑

등록 2004년 12월 27일 제300-2004-204호

주소 서울시 종로구 대학로8가길 56 301호(동숭동 1-49 동숭빌딩)

전화 02)763-8996편집부 02)3288-0077영업마케팅부

팩스 02)763-8936

홈페이지 www.guiparang.com

이메일 info@guiparang.com

ISBN 978-89-6523-693-1 03900